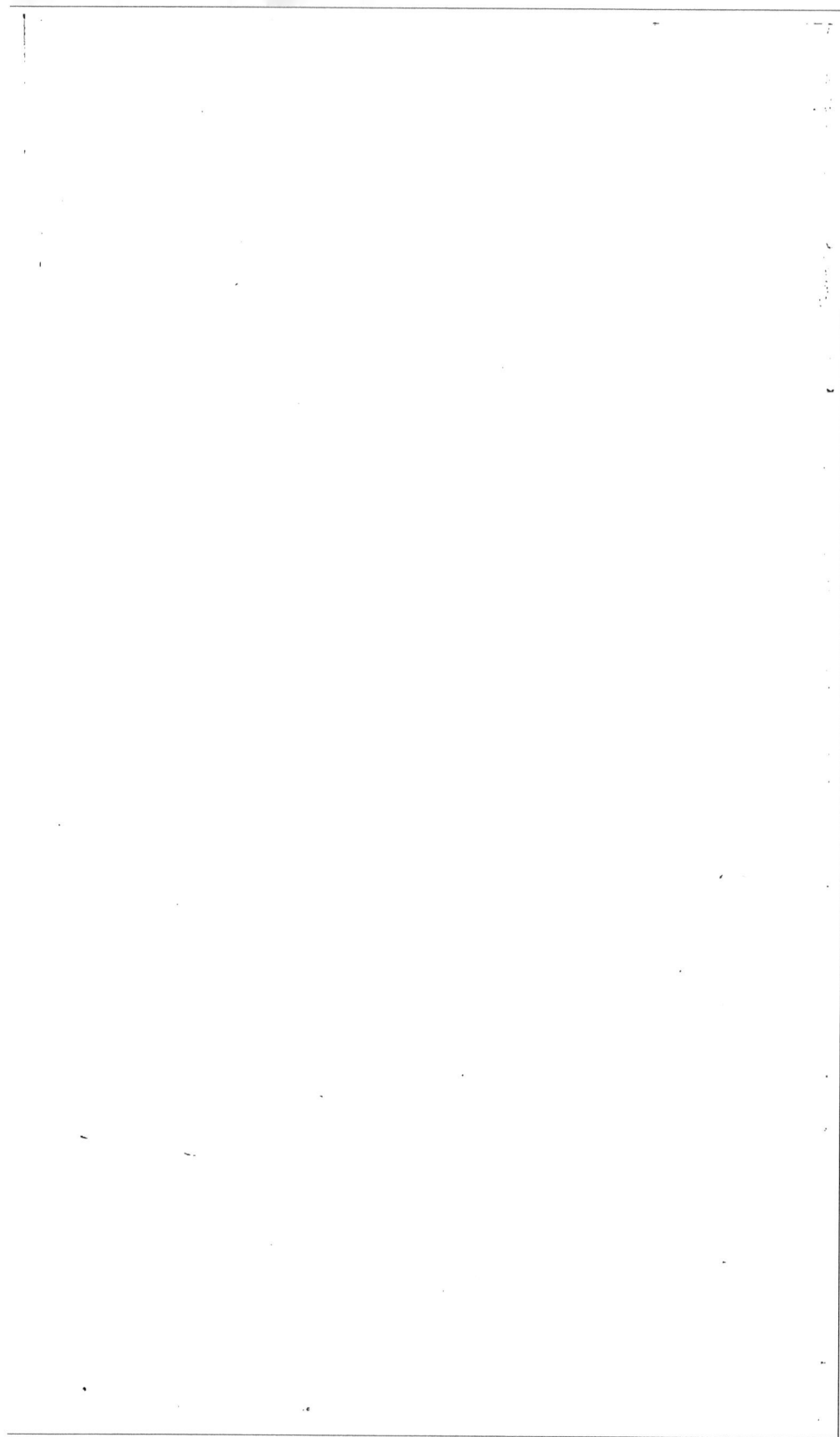

VOYAGE

DE

PIRON A BEAUNE.

VOYAGE

DE

PIRON A BEAUNE,

PUBLIÉ

POUR LA PREMIÈRE FOIS SÉPARÉMENT

et avec toutes les pièces accessoires,

ACCOMPAGNÉ

De Notes Historiques.

Dijon.

Ch. Brugnot, Imprimeur-Éditeur,

RUE DU FAUCON, N° 1.

M DCCC XXXI.

Préliminaire.

Voici une vieille petite nouveauté du plus spirituel, du plus gai, du plus malin des poètes de notre Bourgogne : vieille, car elle date de 1715-1717, époque de la jeunesse un peu turbulente de l'auteur; nouveauté, puisqu'elle manque à ses Œuvres complètes [1], et qu'on ne la trouve ailleurs que mutilée et comme enfouie [2]. Et pourtant il n'est pas peut-être de productions du caustique métromane dont on ait parlé davantage en Bourgogne, et dont les amateurs se soient plus empressés de multiplier des copies. A peine avons-nous laissé entrevoir l'idée de donner une édition correcte, exacte et complète de cette facétie, que trois manuscrits, tirés de cabinets différens, nous sont parvenus; et au besoin nous en eussions trouvé plus de trente. Nous avons dû collationner avec la plus scrupuleuse attention ceux qui nous étaient offerts. Nous les avons comparés entre eux; puis, nous les avons confrontés avec le texte imprimé. Tous nous ont offert d'assez nombreuses variantes; quelques-uns, des lacunes et des corrections de style fort malheureuses. Il a donc fallu tout revoir, tout réparer. Nous osons croire que nous sommes parvenus à rétablir le texte dans sa pureté première, et que cet opuscule ne paraîtra point indigne de la renommée épigrammatique de Piron.

Que si le lecteur du XIXe siècle était curieux de savoir ce qui a donné lieu au très-historique voyage que nous publions, le voici :

Avant 1789 et plusieurs siècles en-deçà, il existait, dans la plupart des villes de notre province , un jeu presque officiel, celui de l'arquebuse. L'élite des habitans, constituée en compagnie d'exercices autorisée, se réunissait tous les ans pour disputer le prix de la cible à une époque déterminée [3]. Le jour indiqué était une fête publique. Tout se passait avec une solennité martiale, et l'on couronnait Empereur celui dont la balle avait frappé la broche de fer plantée dans le disque noir qui occupait le milieu de la cible.

Mais cette fête bourgeoise avait bien un autre éclat, quand les compagnies de toutes les villes de Bourgogne se donnaient rendez-vous dans l'une d'elles pour y disputer le grand prix, dont la valeur était assez élevée. Bals., festins, comédie, musique, artillerie, feux d'artifice, tous les amusemens les plus vifs, les plus bruyans, fesaient du chef-lieu de l'Arquebuse un séjour d'enchantement. Mais la rivalité se glissait parmi ces plaisirs. Plus la compagnie qui comptait le vainqueur dans ses rangs était fière de cet honneur, plus les autres la regardaient d'un œil jaloux, malgré les acclamations et les complimens d'usage. Et si, parmi les vaincus, se trouvait quelque mauvais plaisant qui sût tourner un couplet, rarement le vainqueur échappait-il aux malicieux refrains de la muse satyrique.

C'est ce qui arriva en 1715, à Dijon.

Les chevaliers de l'Arquebuse de cette ville rendaient cette année le prix, selon l'usage.

Ils invitèrent les compagnies voisines, celles de Beaune, de Saint-Jean-de-Lône, d'Auxonne, de

Dole , etc. Le prix fut emporté par les Beaunois. Dijon , ville railleuse, avait long-temps auparavant donné vogue à un sobriquet proverbial peu honorable à la compagnie victorieuse. Piron , jeune et gausseur , ne laissa point passer cette occasion de rire, et lança contre la chevalerie beaunoise , quelques jours après le tir de l'arquebuse , une ode burlesque dont tout le sel est dans le risible sobriquet[4]. Il fut bien vite reconnu , peut-être à la précaution même qu'il avait prise d'éloigner de lui les soupçons dans la première strophe : les muses de la ville offensée se mirent en devoir de répondre ; mais les rieurs ne furent point de leur côté.

Nous donnons cette ode , comme le premier acte d'hostilité de la petite guerre racontée par Piron dans l'opuscule ci-après. Nous le disons à regret , mais sans détour, cette pièce est longue. La plaisanterie y est souvent émoussée par une versification lâche et prosaïque , et le gros sel dont elle est chargée rappelle plus d'une fois le fils de l'apothicaire du bas du Bourg[5].

Quoiqu'il en soit, le tour franc des malices de Piron et la rondeur bourgeoise de sa gaieté rendirent son ode populaire , et MM. les Beaunois n'en avaient point encore pardonné le succès au poète , lorsque, deux ans après (1717), ils rendirent le

prix de l'arquebuse. Alexis n'était pas homme à sa-
crifier une partie de plaisir aussi friande. Quoique
le souvenir de l'ode eut dû lui causer quelques in-
quiétudes sur sa hardiesse à pénétrer dans le camp
ennemi, il n'hésita pas à se rendre à Beaune avec
de gais compagnons de son âge. C'est ce voyage,
demeuré célèbre, ou plutôt le récit qu'en a fait
Piron dans une lettre à M. Jehannin l'aîné [6], jeune
conseiller au Parlement, qui est l'objet direct de la
publication ci-après, et qui en forme la pièce princi-
pale. La mésaventure qui marque ce voyage n'est
pas de celles dont se vantent communément les gens
d'esprit ou les poètes, et ce n'est pas une médiocre
louange pour Piron lui-même que d'avoir su racon-
ter les coups de bâton qu'il avait reçus à Beaune,
nous ne dirons point sans embarras, mais avec
triomphe, et à l'éternelle risée de ceux qui les avaient
donnés.

Ceux-ci furent assez mal inspirés pour adresser
au battu de nouveaux couplets : il leur répliqua par
les strophes, sinon les plus nobles, du moins les
plus mordantes qu'il ait jamais faites. Leur place
naturelle est à la suite du *Voyage à Beaune* [7].

Pour ne rien omettre, nous rappellerons qu'un
M. Lecaux de Montlebert, contrôleur des fermes du
roi, lequel se croyait poète tragique parce qu'il était

parent de Corneille, réchauffa le souvenir de l'a-
venture de Beaune dans une épigramme que Piron
ne laissa pas sans réplique. On nous pardonnera
d'avoir ajouté ces deux pièces à notre édition dont,
n'eut été la crainte de faire penser à M. Scribe,
nous eussions volontiers décoré le frontispice de
l'heureux titre *Avant, Pendant et Après*, puisqu'elle
comprend tout ce qui a précédé, accompagné ou
suivi le *Voyage* du métromane. Nous aurons ainsi
marqué le point de départ de Piron dans les deux
genres que son talent affectionnait le plus, le conte
et l'épigramme : prédilection facilement expliquée
par les inspirations du foyer domestique ; car il y
a quelque chose du conte et de l'épigramme dans
les *Noël* d'Aimé Piron, trop effacés par ceux de La
Monnoye, vif et dernier reflet de l'esprit des fa-
bliaux, piquant témoignage de la malice du bon
vieux temps et de la jovialité de nos mœurs bour-
geoises.

Ode

SUR LE PRIX DE L'ARQUEBUSE, REMPORTÉ A DIJON,
PAR LES BEAUNOIS.

❁

1715.

Il faut, Muse, que tu dégoises;
Tu brais bien, tu peux t'en vanter :
C'est la voix qu'il faut pour chanter
La gloire des armes beaunoises;
Préviens Piron dans ce projet;
N'attends pas que sur ce sujet
Sa muse passe la première :
Il aime à railler, tu le sais;
Quand son nez flaire une matière,
Sa dent ne l'échappe jamais.

De Mars la trompette fatale
Ayant donné signal à tous,
Et Bacchus pour ce rendez-vous
Ayant ouvert sa capitale,
Les tenans vinrent à grands flots ;
De l'Ouche les superbes eaux
S'en enflèrent jusqu'au rivage,
Et Suzon, sur ses nobles bords
Plus dorés que le fond du Tage,
En déploya tous ses trésors.

Que de ces guerriers pacifiques
J'admirai le brillant essaim,
Quand je les vis, le glaive en main,
Traverser les places publiques !
Mais vinrent surtout les Beaunois,
Le dos bien fait pour le harnois !
Le bel air à porter les armes !
Du premier jusques au dernier,
Tous semblaient nés pour les alarmes
Qui nous font crier au meunier.

Durant cette cérémonie
La discorde ne s'endort pas ;
Et voici, pour l'honneur du pas
Qu'elle sème la zizanie ;
Nos chevaliers mal aguerris

Moins par des coups que par des cris ,
Se disputent le privilège ;
Rien n'en pâtit qu'un étendard
Qui , par un Dolois sacrilège ,
Se vit percé de part en part.

Le lièvre ne gît pas là, Muse ,
Ne nous impatiente plus ,
Quitte ces propos superflus ,
Et viens au jeu de l'arquebuse.
Entrons dans ce cirque fameux ,
Où l'on voit l'amour et les jeux
Aux côtés du dieu de la Thrace ,
Et voyons à qui le.destin
Doit faire aveuglement la grâce
De mettre la palme à la main.

Mais quelle imprudence est la nôtre!
Où diable me suis-je engagé ?
Je crois que l'on est enragé.
Pour se pousser de part et d'autre.
Quelle horrible foule, grands dieux !
Que d'importans, de curieux !
J'étouffe , Muse , sors , dépêche , —
On ne peut. — Hé bien, demeurons ;
Mais malheur à qui nous empêche ,
Bientôt nous nous en vengerons.

Vois la troupe qui nous arrête ,
Ce sont les rustres du pays.
Les voilà tous bien ébahis
De se trouver à telle fête.
Examine un peu ce pied plat ;
Comme il est surpris de l'éclat
Des trompettes et des timballes ;
Vois bâiller cet autre innocent :
L'on dirait qu'il attend les balles
Pour les avaler en passant.

Comment? par Amadis de Grèce!
Je vais perdre les étrieux.
Quel discourtois ose en ces lieux
Si brusquement fendre la presse?
Dijon , ce sont tes chevaliers ;
Diable! ils sont fiers sur leurs pailliers.
Passez, héros de la contrée ,
Vous garderez votre prix? bon !
Tout comme le jour de l'entrée
Vous gardâtes votre guidon.

Que d'animaux à la pâture !
Que de gens couchés sur le pré !
J'y remarque un muguet sacré
En assez galante posture.
Ses regards chargés de langueur

Sont moins attentifs au marqueur
Qu'aux yeux de celle qui l'écoute.
Ah , ventrebleu ! s'il était nuit,
Monsieur l'abbé ferait sans doute
Plus de beaux coups et moins de bruit.

Passons un peu sous ces allées,
Jeunes fillettes , Dieu vous gard :
Que de fontanges, que de fard ,
Que vous voilà bien étalées !
A quoi bon tout cet attiffet?
Vous flattez-vous de faire effet
Sur nous là tous tant que nous sommes ?
Quittez , quittez ce fol espoir,
Vos yeux frappent au cœur des hommes ,
Comme un Dijonnais frappe au noir.

Cependant je vois qu'on vous lorgne ,
Tant il est vrai, pauvres humains !
Qu'au royaume des Quinze-Vingts
Le sceptre est dans la main du borgne ;
Gentils chevaliers, approchez :
Les beautés qui vous ont touchés
Ne sont pas si diables que noires ;
Vous n'essuierez point de refus :
Qui remporte peu de victoires
Ménage un peu mieux ses vaincus.

Mais cette scène est disparue ;
Passons, — Muse, un autre sujet ;
Empoignons le premier objet
Qui vient s'offrir à notre vue.
Olympicoles tous puissans !
La surprise glace mes sens.
Que vois-je? Dieux! quelle bête est-ce ?
. . . .
L'on n'en vit point de cette espèce
Dans toute l'arche de Noé.

C'est un moine!... deux, trois et quatre.
Ces porcs, fermes sur leurs jambons,
Sont les uns plus noirs que charbons,
Et les autres plus blancs qu'albâtre.
Ah! je reconnais celui-là :
Eh! bonjour, père ; que fait là
Votre révérence inutile?
Voyant tant de maris ici
Dont les femmes sont à la ville,
Vous y devriez être aussi!

Donnons-en tout du long de l'aune
A ces insectes odieux.....
Mais un bruit soudain vole aux cieux :
Dit-on : Vive Beaune, ou la Saône? —
C'est Beaune, ou je suis bien surpris ;

Comment donc? Beaune aurait le prix !
Non, non : jugement téméraire !
Vive Beaune! — Ouais! encore? abus :
Sabaoth ! hélas! j'entends braire ,
Pour le coup je n'en doute plus.

Quoi! le chétif ruisseau de Beaune ,
Fier du renom de ses enfans ,
Les verra venir triomphans
Malgré le Doubs , l'Ouche et la Saône?
Sur tous les Bourguignons unis
Un Beaunois remporte le prix ;
Ah! rare et cruelle aventure !
Un Beaunois nous a tous vaincus ,
Et Silène voit sa monture
Triompher des fils de Bacchus.

Venez, Martin , que je vous baise!
Il faut vous faire quelque don ;
Que l'on courre aux bords de Suzon
Cueillir à monsieur une fraise;
Pêcheurs, qu'on jette les filets;
Tirez-nous quelques beaux brochets ,
Pardon si l'on vous fait attendre ;
L'on y court, comme vous voyez ;
Mais s'ils sont mal-aisés à prendre ,
C'est qu'ils n'ont pas les fers aux pieds.

Clairons, qui brisez nos oreilles,
Et vous, impertinens tambours,
Allez aux moulins d'alentour
Porter le bruit de ces merveilles;
C'est là qu'au nom de nos vainqueurs
Vous verrez tressaillir des cœurs
Par un effet de sympathie,
Et que, pour le prix remporté,
Chacun chantera sa partie,
En signe de fraternité.

Pour moi, sûr de ma renommée,
Je donne à lire mes couplets;
Du funeste bruit des sifflets,
Ma muse n'est point alarméc.
Allez, mes vers bons ou mauvais,
Ne craignez rien, allez en paix
Chercher une gloire assurée;
De quoi me pourrais-je effrayer
Quand je vois, dans cette contrée,
Les ânes cueillir des lauriers?

VOYAGE A BEAUNE.

––––◦◦◦––––

Lettre

DE M. L'AVOCAT PIRON A M. JEHANNIN L'AINÉ, AU SUJET DE CE QUI LUI
ARRIVA A BEAUNE, AU MOIS D'AOUT 1717.

✵

A Dijon, le 10 septembre 1717.

Monsieur,

*Suprà dorsum meum fabricaverunt peccatores, et
prolongaverunt iniquitatem suam.* Psal. 128.

Voilà, en deux mots, le résultat du voyage fatal, dont j'eus l'honneur de faire les premiers pas
avec vous. Je trouve parmi mes papiers une lettre
que M. Michel m'écrivit à l'apparition de l'ode « Il
faut, Muse, que tu dégoises; » il finit par ces mots :

2.

« Si jamais vous avez à passer par Beaune , n'y passez, mon cher, qu'incognito , et croyez-moi. » Chacun me renouvelait cet avis à mon départ, mais on ne peut éviter sa destinée ; rien , comme vous vîtes , ne me put retenir : j'ai toujours voulu croire les Beaunois plus scrupuleux sur le chapitre de l'hospitalité, à l'égard surtout d'un enfant d'Apollon.

Je me suis cru sacré dans toutes les provinces.
Jadis Pierre Arétin fut respecté des princes ;
J'espérais d'un sot peuple encor plus de bonté :
(Pardonnez, chère épaule, à ma crédulité).
Je n'ai pu soupçonner mon ennemi d'un crime,
Malgré lui-même enfin je l'ai cru magnanime.

Tout aura sa place ; il ne faut pas commencer par la péroraison , au début. Vous savez ce qui m'arriva jusqu'à notre séparation ; rien que d'honorable , rien que d'heureux. Voici le reste. Il n'est pas besoin de vous faire ressouvenir que vous me laissâtes à la Grand'Justice', vis-à-vis de Chenôve. A peine m'aviez-vous quitté, que je fus accosté du vieux curé de Vougeot. Nous liâmes ensemble un entretien qui me fit passer deux ou trois heures bien vite ; il roula sur les dogmes de la foi ,

Et nous jouâmes l'un et l'autre
Un rôle selon notre état :
Messire Jean faisait l'apôtre,

Et moi je faisais l'apostat.
D'abord la dispute paisible
Se fit raison contre raison ;
Mais bientôt on changea de ton,
Et le combat devint terrible.
Je redoublais mes argumens :
Dépourvu de raisonnemens,
Notre homme s'enfuit dans la Bible,
Et fait là ses retranchemens.
Je cours après, je viens, j'assiège ;
Alors le furieux caffard,
Derrière le sacré rempart,
S'écrie : Indévôt ! sacrilège ! —
Des gens au bout de leur latin
L'invective est le privilège.
J'en ris, et toujours plus malin,
Je presse ; on capitule enfin.
Ah ! le bel apôtre de neige !
Sa voix commençait à baisser,
Et sa foi, déjà confondue,
Paraissait prête à s'éclipser,
Quand j'eus un peu de retenue.
Dieu, que je crains, m'en fit user ;
Car, sans la peur de l'offenser,
Ma foi, sa cause était perdue.

Il commençait véritablement à me demander quartier par un lâche éloge, quand, pour l'honneur de la vérité, je lui démasquai mes sophismes, et lui

donnai de quoi les faire évaporer, en cas qu'un li-
bertin s'en osât servir à plus mauvaise intention
que moi. Nous fîmes la paix au premier cabaret de
Vougeot, et nous nous quittâmes. Je ne laissai pas
de le regretter; je restais avec une compagnie taci-
turne, et sensible aux incommodités du voyage.
Vous savez que les courses de nuit sont presque
toujours ennuyantes; celle-ci, surtout, avait je ne
sais quoi de plus sombre et de plus rebutant que
les autres.

Du haut de la voûte azurée;
La maîtresse d'Endymion
A peine éclairait d'un rayon
Notre marche mal assurée.
La nuit d'un vaste crêpe enveloppait les cieux;
Tout, jusqu'à la verdure, était noir à nos yeux.
Aucun ruisseau voisin, de son tendre murmure,
N'égayait les tristes passans;
Mille oiseaux de mauvais augure,
De leurs cris aigres et perçans,
Semaient l'effroi dans la nature.
Les présages fâcheux, noirs enfans de la nuit,
Me la rendaient encor plus lugubre et plus noire.
J'eus des pressentimens de je ne sais quel bruit,
Et vous verrez, par ce qui suit,
Si je ne devais pas les croire.

Par surcroît de malheur, n'alla-t-il pas tomber

une pluie désespérée! Vous pensez quel vernis cela
donna aux horreurs de l'obscurité. Chacun mau-
dissait l'instant où il était sorti de Dijon : moi seul,
inébranlable, je gageai,

> Contre le ciel et sa fureur,
> De conserver ma belle humeur.

En effet, ma gaieté s'obstina si courageusement
contre la tempête et les ténèbres, qu'elle tint bon
jusqu'à Nuits, où nous nous rafraichîmes : je ne
respirais que désordre et remue-ménage. Malheur
à qui s'avisait de s'endormir. Pour ranimer mon
monde et l'éveiller, je composai cette chanson, sur
l'air de Joconde :

> A moi, garçon, vite un grand trait!
>   Verse à toute la bande :
> A toi, Pontoise, à toi, Maret,
>   A ta santé, Deslande.
> Pour savourer un jus si bon
>   Que ce pays nous donne,
> Que n'ai-je le col aussi long
>   Qu'on a l'oreille à Beaune !

Il est des conjonctures où les chansons du Pont-
Neuf l'emportent sur celles du Palais-Royal ; chacun voulut savoir la mienne ; on la répéta pendant
deux heures à gorge déployée, au bout duquel
temps la station finit, et nous décampâmes, vou-

lant nous rendre à Beaune un peu de bonne heure. Je fis ces trois dernières lieues un peu moins gaîment que les premières. Mes amours me remontèrent en cervelle, à la barbe de toute ma philosophie ; il fallut s'y livrer : je soupirai... je m'éloignai pour être seul... Un homme, tel que je l'avais été jusqu'alors, m'aurait fort importuné ; la vive image d'un bonheur passé, le ressentiment d'un présent douloureux, la prévoyance de l'avenir indubitablement plus funeste, arrêtaient toutes mes réflexions. Pour en adoucir l'amertume, je m'amusai à composer cette ode élegiaque (*).

Revenons à ma narration.

L'aurore, comme dit le merveilleux P. Lemoine, avait chassé la nuit avec un fouet de pourpre, et ouvrait la porte de l'hémisphère avec une clef vermeille,

> Quant on aperçut le poulet
> Du plus haut clocher de la ville,
> Où la Parque, un peu trop habile,
> A pensé couper le filet
> Des jours de votre humble valet.

A l'aspect de ce redoutable haras de Silène, mon cœur battit comme celui de l'insensé Régulus, quand, à son retour de Rome, il découvrit les

---

(*) Ici viennent douze stances lamentables adressées à « son infidèle, » qui nous ont paru trop fades et trop hors-d'œuvre pour trouver place dans notre joyeux recueil.

NOTE DE L'ÉDITEUR.

tours de Carthage; mais il n'était plus temps de re-
culer. Après avoir donc arboré pavillon blanc, c'est-
à-dire, après avoir épanoui les couleurs de Dijon
sur mon chapeau, et l'avoir enfoncé méchamment
sur mon oreille, j'entrai sur les terres ennemies,
en me recommandant à la dame de mes pensées.
Quoiqu'il ne fut que sept heures, nous trouvâmes
les rues déjà pleines de monde.

> Me voyant au milieu de ce peuple amassé,
>   J'avais l'orgueil et la malice
>   De me prendre pour un Ulysse
>   Entrant dans la cour de Circé.

L'air du pays me surprit; il m'échappa deux ou
trois pensées qui avaient fort le goût du terroir.
Comme c'est fête le dimanche à Beaune, aussi-bien
qu'ici, je demandai aux passans si l'on y disait des
messes le matin. On ne me répondit que par un
éclat de rire qui ne me réveilla que pour une autre
chûte pire que la première. Ma mère, auprès de
qui je me rendis, m'ayant dit que j'étais bien hâlé,
je lui dis que c'est qu'il avait fait un soleil de diable
toute la nuit. Le second éclat de rire que cette bêtise m'attira, me fis tenir sur mes gardes. Je re-
connus que le génie abrutissant de Beaune m'avait
déjà fait avaler de son air empoisonné. Je sus bien
où trouver du Moly. Je courus purger mon esprit
au logis des Trois-Maures, où je trouvai les méde-

cines si bonnes, que j'en pris quinze ou vingt sans
les rendre. Ainsi muni d'un déjeûner de trois ou
quatre heures, je fus à ma toilette, et de là à je ne
sais quelle église; mais du moins sais-je bien que
la Providence avait pris de si bonnes mesures que,
tel qui s'y trouva pour y lorgner, fut obligé d'y
prier Dieu.

> Non pas qu'il y manquât de femmes,
> Tout en était plein jusqu'au chœur;
> Mais c'est qu'en vérité ces dames
> Auraient effrayé Jean-sans-Peur.
> Mes yeux, qui partout galopaient,
> N'en rencontraient que d'effroyables;
> Et sans le bénitier, où leurs mains se trempaient,
> J'aurais crû que c'était des diables.

Je crois qu'elles furent bien scandalisées de la dé-
votion d'une trentaine de jeunes gens qui les envi-
ronnaient; on ne les gratifia pas d'une distraction,
et jamais Dieu n'eut, à des messes d'onze heures
et demie, des cœurs moins partagés. N'allez pas là-
dessus tirer des conséquences contre le sexe de
Beaune; la laideur n'y est pas générale comme la
bêtise. On trouve de la fleur et du son dans un sac
de farine; mais, ma foi, je pense qu'on l'avait blu-
tée, et que le diable avait emporté la fleur et Dieu
le son. En sortant de là, un vieil ami de mon père,
averti de mon arrivée, m'emporta chez lui pour y
dîner.

Le buffet était prêt, et la nappe était mise :
 L'hôte nous régala des mieux.
Surtout je vous dirai qu'à ce repas mes yeux
 Furent plus heureux qu'à l'église.
  On m'avait mis
   Vis-à-vis
 D'une pucelle à blonde tresse,
 Dont l'air aimable et languissant
 Redoublait ce charme innocent
 Que nous voyons à la jeunesse.
 De ses grands yeux, tendres et mornes,
Il tombait des regards dont la douce pudeur
 Eût fait sortir, sur mon honneur,
 L'âme d'un capucin des bornes.
 Je me plus devant elle à parler de l'amour ;
 Je peignis les douceurs d'une vive tendresse,
 D'une rupture, d'un retour,
 Et d'une innocente caresse.
Enfin, je mis si bien ces plaisirs dans leur jour
Que j'en vis soupirer ma convive adorable.
Peut-être, disait-elle, en jugeant de mes feux
Par la vivacité de ces portraits heureux :
Ah ! qu'il sait bien aimer ! que n'est-il plus aimable !
 Je voudrais le rendre amoureux.

Depuis deux heures de séance nous ne songions
guère à dire grâces, quand tout-à-coup,

Exoritur clamorque virûm, clangorque tubarum.

Chacun courut de la table aux fenêtres, hors moi, qui, pour voir de plus près, voulus descendre dans la rue : rien ne m'échappa ; je puis dire même que je vis une fois plus que les autres. Ce tintamarre agréable annonçait l'ouverture du prix , où les chevaliers de dix villes s'acheminaient en bel ordre. Ceux de Chaumont, comme les étrangers les plus éloignés, avaient le pas. Nos Dijonnais suivaient; ils voulurent, en passant, m'emmener à toute force avec eux, me disant à l'oreille qu'ils m'avaient entendu menacer. Je m'excusai opiniâtrement de les suivre, sous prétexte que j'étais sans épée ; quant aux menaces, je leur dis :

Allez, je ne crains pas leur impuissant courroux,
Et quand je serais seul, je les *bâterais* tous.

L'ordre de la marche entraîna ces honnêtes importuns, et m'en délivra. Châlon, Chagny, Nuits, Saulieu, Semur et deux autres villes, dont j'oublie le nom, passèrent après. Les chevaliers de Beaune enfin parurent sous la livrée verte. Dès que j'en fus aperçu , mon nom courut de bouche en bouche, et vola dans les airs. L'on porta, d'un bout à l'autre, la main au cimeterre; en un moment j'en vis briller quarante à mes yeux , dont toutes les pointes se tournèrent de mon côté. Vous me croyez perdu? tant s'en faut. Toutes ces pointes baissées avec l'étendard m'honorèrent d'un salut militaire, qu'au milieu d'un vacarme enragé je reçus d'un air re-

connaissant, le bonnet au poing, et l'index de la
main droite sur la bouche en signe de discrétion ;
et j'aurais sans doute gardé cette promesse, si la
jeunesse outre-cuidée qui suivait ces bons et loyaux
chevaliers, n'eût rompu ce traité de paix. Ces ros-
signols, la plume sur l'oreille et le fusil sur l'épaule,
allaient cinq à cinq ; et comme le ruisseau de la rue
coulait abondamment, chaque soldat du milieu,
pour ne point rompre son rang, marchait dans la
posture du colosse de Rhodes. Je ne pus m'empê-
cher d'en plaisanter avec ceux qui m'entouraient.
La superbe infanterie me fit une décharge de regards terribles que je payai d'un ris de mauvais
augure : nous ne nous fîmes pas pour lors d'autre
mal. Tout s'écoula, et le spectacle achevé, le tor-
rent des curieux m'enleva jusqu'aux Buttes, où
s'allait disputer le prix.

Un feuillage agréable, assez bien ajusté,
    Formait un long rang de portiques
    Servant de face à quantité
    De loges frêles et rustiques :
Deux longs ais sous chacune appuyé par deux bouts,
    Tremblaient sous le poids des bouteilles ;
    Et, dansant au son des glougloux,
Des chantres à l'entour y brisaient les oreilles ;
Tandis que, sur un Noir éloigné de cent pas,
    Mars, las d'ensanglanter la terre,
Et frappant les échos du bruit d'un vain tonnerre,

Signalait à nos yeux l'adresse de son bras.
    Cependant, parmi le fracas
    Des pots, des verres et des armes,
    L'amour qui ne s'endormait pas,
Dans les yeux du beau sexe étalant tous ses charmes,
Livrait au fond des cœurs de terribles combats,
    Et semait de vives alarmes.

Il n'est que d'être crotté pour affronter les bourbiers. — Ma passion ne m'en faisait plus craindre d'autres; je laissais hardiment courir mes yeux de belle en belle. Dans cette occupation, une jeune Beaunoise, sortie de Dijon depuis quinze ou seize mois, et que j'y avais vue l'intime amie de ma cousine, me reconnut, et m'arrêta pour me demander comment elle et moi nous nous portions. Sa vue me troubla, toutes mes plaies se r'ouvrirent; je ne répondis rien à ces questions frivoles.

Sed graviter gemitus imo de pectore ducens,

je suis trahi, lui dis-je; vous ne voyez plus en moi que le rebut de votre cruelle amie : elle est infidèle... elle me tue. Ah! que votre présence me rappelle d'heureux momens, momens perdus pour jamais! Cette nouvelle l'étonna plus que ma douleur; mais ma douleur la toucha plus que cette nouvelle. Je tâchai de goûter les avis obligeans et les consolations qu'elle voulut me donner, sur une perte qui lui déplaisait moins qu'à moi;

Mais mon malheureux-cœur chérit son esclavage,
　　Il ne veut pas qu'on le soulage :
Je ne sais que la mort, trop lente à m'arriver,
　　Qui puisse en arracher l'image,
Qu'un trop fidèle amour a pris soin d'y graver.

Tout se plut à m'accabler. Laissez dire les amans :
vous allez voir que je trouvai la plus belle occasion
pour aller dans l'autre monde, sans en vouloir
profiter. Cette rencontre me donna quelques ins-
tans de rêverie, dont des devises environnées de
guirlandes me tirèrent. La première que je vis était
morte, du moins son corps était bien séparée de
son âme ; et voilà, ce me semble, ce qu'on appelle
être mort : c'était deux arquebuses en sautoir avec
cette légende : *Licet divisa, tendunt eòdem,* enten-
dant par ces mots les différentes troupes de chevaliers qui, quoique divisés, tendaient au même but.
Cette pensée ne s'offre-t-elle pas bien par deux
armes croisées, dont l'une porte à l'orient et l'autre
à l'occident? Je passais aux autres, quand il fallut
m'abandonner à une troupe d'étrangers et d'amis
qui m'emportèrent sous les loges pour y boire, vie
qui dura jusqu'à cinq ou six heures du soir, que je
quittai pour me trouver à un souper où d'honnêtes
gens m'attendaient. En passant par la grand' rue,
je vis un âne attaché à des barreaux ; je lui ajustai
sur l'oreille une touffe de rubans verts (couleur de
Beaune), et le détachant je lui dis : « Marche aux

Buttes.» Les témoins qui n'étaient point de Beaune,
en rirent; mais j'ai su que des gens aux fenêtres en
avaient juré vengeance. En attendant, je soupai ce
soir-là le mieux du monde.

> Avant d'être à la chanson,
>   Je fatiguai l'échanson.
> Pour satisfaire aussi les dames,
>   Au son du haut-bois nous dansâmes;
> Et pour fermer enfin le divertissement,
>   Avecque ma mine attristée
>   Je racontai nonchalamment
> Les effets merveilleux de la bague enchantée.

Voilà bien des mouvemens pour une journée
précédée d'une nuit assez fatigante : aussi, me dis-
pensai-je d'aller au feu d'artifice qu'on allait tirer
aux Buttes, avec une décharge d'artillerie. Après
un profond sommeil de sept ou huit heures, je fus
réveillé par les instrumens de guerre qui rappe-
laient les chevaliers au pas. Les plaisirs recommen-
cèrent avec le bruit des armes. A quoi bon vous les
spécifier encore?

> Sans un esprit pareil au vôtre,
> Puis-je de nouveaux traits dépeindre un second jour
>   Que je fis couler comme l'autre,
> Dans les plaisirs du vin, des jeux et de l'amour?
>   Sauter, manger, chanter et boire,
>   Boire, chanter, manger, sauter,

Ressauter, remanger, reboire et rechanter,
   Ce fut toujours la même histoire.

Je m'informai du succès du feu d'artifice de la
veille, auprès de quelques bourgeois, qui me dirent
que le bruit du canon avait donné un beau spectacle, et que le feu des serpentins avait brûlé
toutes les épitaphes entourées d'Irlandes qui or-
naient le jeu. Que dites-vous de ce rapport?

Ce jour-là, je fus traité splendidement aux PP. de
l'Oratoire, en considération d'un frère aîné que j'ai
chez ces Messieurs. Ils m'invitèrent, en sortant, de
venir à des thèses qu'ils faisaient soutenir le lendemain à leurs jeunes pensionnaires sur l'histoire des
douze César. Il me passa un trait de cette histoire
par l'esprit, qui me leur fit dire en prose ce que je
vais mettre en épigramme au sujet des âneries de
la maison-de-ville de Beaune, si célèbres partout le
royaume :

     Pour consul à Rome autrefois
     D'un cheval le sénat fit choix,
     Ainsi le rapporte Suétone.
     Après un tel événement,
Je ne m'étonne pas que l'on ait vu souvent
     Des ânes magistrats à Beaune.

Extrema gaudii luctus occupat. Voici le com-
mencement de mes infortunes. J'en précipiterai le

3

récit, parce qu'il vous chagrinera si vous m'aimez,
et qu'il vous ennuiera si je vous suis indifférent.
Je m'avisai sur les dix heures du soir, après souper, d'aller à la comédie. La première et la meil-
leure scène que j'en eus, fut la réponse d'un Beaunois du bel air, à qui je demandai quelle pièce
on jouait : *Les Fureurs de Scapin*, me répondit-il
gravement. On m'avait dit, repris-je, que ce serait
les Fourberies d'Oreste. A ce mot, qui fut hébreu
pour lui, nous entrâmes tous deux, lui sur le théâ-
tre et moi dans le parterre. J'y fus reconnu d'un
troupeau de jeunes bourgeois, qui se carraient sur
la scène, aussi fiers que quand on les étrille. Ils
m'envoyèrent des quolibets tels quels, et je n'y
répondis que trop, quand les comédiens qui com-
mencèrent nous firent finir au grand regret des
rieurs. Telle chèvre, telle laitue; c'est-à-dire que la
pièce fut jouée selon les spectateurs, pitoyablement.
Cependant, comme il y a bien des coups de donnés
dans cette farce, elle emporta l'applaudissement
général. Un petit-maître de Beaune, de ceux qui
m'avaient entrepris avant la pièce, enthousiasmé
de la scène du sac, s'écria : Paix donc là ! on n'en-
tend rien. Je lui criai sur le même ton : Parbleu,
ce n'est pourtant pas faute d'oreilles. Ce fut là ma
condamnation; tous les offensés jurèrent ma perte.
La pièce finie, ces braves coururent m'attendre au
passage : à peine eus-je le nez à l'air, que me voilà
relancé de vingt ou trente épées nues. Je ne pus si

bien faire qu'en un moment je ne m'en visse envi-
ronné. Je n'avais qu'une canne, qu'après un instant de folle résistance, je jetai contre terre, pour
désarmer cette meute affamée de ma carcasse;
mais quand je vis qu'on ne m'en faisait pas plus de
quartier, donnant alors à travers de tous ceux qui
se trouvaient devant moi, j'esquivai la moitié des
coups, j'essuyai l'autre et je disparus. Vous conce-
vez ce que je veux dire? je disparus, c'est-à-dire
que mes pieds me mirent à l'abri de cet orage, avec
un seul coup de pointe très-léger dans le flanc. Mi-
nuit sonnait, les rues étaient calmes et désertes, et
la lune y donnait à-plomb. Le *hic* était de regagner
mon logis : je le cherchais pas à pas dans l'ombre.
Je l'apercevais déjà, et je commençais à rire de mon
aventure, quand je vis courir mes gens à moi,
flamberge au vent. Il fallut donc fuir encore ou
mourir; je tournai gaîment les talons, et j'eus à
peine un peu d'avance, que je m'arrêtai pour les
complimenter sur leur grand courage et leur aver-
sion pour les duels. Mes discours redoublèrent leur
course, leur course redoubla la mienne : je me fis
bientôt perdre de vue, et je recommençais à respi-
rer; mais

Admirez avec moi le sort dont la poursuite
Me fait tomber encore au piége que j'évite.

Au détour d'une rue, je me trouve encore bec à

3.

bec avec mes chasseurs. S'imaginant alors que je
voltigeais autour d'eux pour les braver, ils firent
plus d'efforts que jamais pour m'atteindre.

> Pour me dérober à la troupe
> De ces lâches persécuteurs,
> Pégase, auteur de mes malheurs,
> Que ne me tendais-tu ta croupe!

C'était fait de moi; je n'espérais plus rien. Pour-
suivi depuis près d'une heure par une légion d'é-
pées, au travers de rues inconnues qui me remet-
taient à tous momens au milieu de mes bourreaux;
sans armes, en un mot, sans secours, je songeais
au *libera,* et je faisais des réflexions bien laxatives,
quand je me vis secouru de la plus jolie main que
j'eusse pu choisir. Une jeune demoiselle, regardant
par une fenêtre basse, et me voyant fuir à la pointe
de tant d'épées, s'écria qu'on allait tuer un homme.
Son frère, qui regardait à la fenêtre haute, lui dit
d'ouvrir vite; elle le fit, j'entrai, l'on referma, et
j'offris visage de bois à mon escouade assassine.
Comme j'étais fort abattu, je me laissai mener sans
compliment dans une chambre où l'on me fit cou-
cher. Le lendemain matin, cherchant par la maison
qui remercier avant d'en sortir, j'entrai dans l'ap-
partement où couchait ma belle libératrice. Au
bruit que je fis, elle ouvrit son rideau; j'appro-
chai du lit pour lui témoigner ma reconnaissance.

Qu'elle était belle ! je ne sais si le bienfait que j'en
venais de recevoir lui prêtait de nouveaux charmes
à mes yeux ;

> Mais jamais à ma belle ingrate
> Je ne vis un teint si vermeil.
> La fraîcheur qu'après lui laisse un profond sommeil
> Attendrissait l'éclat de sa peau délicate ;
> La fine toile de ses draps
> Noircissait auprès de ses bras.
> Ses yeux bleus et touchans brillaient d'un feu céleste ;
> Mes regards sur sa gorge égaraient mon esprit,
> Qui, se glissant au fond du lit,
> Semblait me découvrir le reste.

Belle et rare conjoncture pour un esprit roma-
nesque ! c'était là l'endroit de mettre tout Cyrus en
longs complimens. Je les fis les plus précis et les
plus énergiques que je pus ; et mon adieu fini, je
vins à mon auberge, où je trouvai ma mère qui me
fit partir sur-le-champ.

Voilà, Monsieur, la fidèle histoire que tout le monde
commente ici à sa fantaisie. Mon père me témoigna
un mécontentement inflexible. Un petit nombre de
bons esprits ne m'en estimèrent pas moins ; d'autres, plus simples, me plaignent, plusieurs me rail-
lent, et la plupart me blâment, quoique après tout,

> Je trouve qu'il est honorable
> De me voir haïr dans un lieu

Où l'ânerie est estimable;
Car, comme enfin, sans plaire à Dieu,
Je ne saurais déplaire au diable;
De même, quand vous me chassez,
Illustres habitans de Beaune,
Il me semble que c'est assez
Pour me faire entrer en Sorbonne.

Mes fâcheux supérieurs ne se paient pas de ce rai-
sonnement. Leur mauvaise humeur et mes chagrins
finiront quand Dieu voudra. Jusqu'à présent l'un et
l'autre m'ont si bien persécuté, que je n'avais pas
seulement le courage de vous écrire, c'est-à-dire de
me consoler. Je le fais enfin : unique plaisir et seule
douceur que mon cœur ait goûté depuis quinze ou
vingt jours. Il est bien temps que ce plaisir finisse;

Je m'y suis trop abandonné :
Revenez, sombre ennui, c'est assez vous suspendre;
Peut-être vous ai-je donné
En tardant trop à vous reprendre.

FIN DU VOYAGE A BEAUNE.

Réponse

DE PIRON A LA CHANSON BEAUNOISE, OU ON LE RAILLAIT
DE SA MÉSAVENTURE.

❁

Brave et savant peuple de Beaune,
Fils de Phœbus et de Bellonne,
Qui servez les deux tour à tour,
Glorieux des exploits célèbres
Que vous fîtes dans les ténèbres,
Vous les produisez donc au jour.

Chanson digne de vos écoles,
Le sujet, l'air et les paroles,
Rien n'en dément le nom Beaunois;
Pour nous la rendre encor plus belle,
Que ne pouviez-vous avec elle
Envoyer ici votre voix?

De la part d'un de vos libraires,
J'en ai reçu dix exemplaires ;
J'avais besoin d'un tel envoi ,
Il ne pouvait m'être inutile ;
M'en eussiez-vous donné dix mille ,
J'en aurais fait un bon emploi.

Lorsque , sans verge et sans épée ,
Sur ma carcasse constipée ,
Je vis briller vingt glaives nuds :
Je le confesse à votre gloire ,
Vous me fîtes venir la foire ,
Vous me deviez des torche-culs !

Épigramme

DE M. LECAUX DE MONTLEBERT
CONTRE PIRON.

—

Quand Timandre à Paris entonna la trompette ,
Des rimeurs tels que toi le faible essaim trembla :
    Dijon , au bruit de sa musette ,
    D'applaudissemens le combla ,
    Et Beaune en fut si satisfaite
Qu'elle vint en ses mains remettre une houlette
    Faite du bois qui t'étrilla.

❊

Réplique de Piron.

—

Foin de votre trompette et de mon flageolet ,
Je donnerais pour rien mon paiement et le vôtre :
J'eus des coups de bâton , vous des coups de sifflet :
Le premier au rimeur fait plus d'honneur que l'autre.

FIN.

Notes.

❋

(1) *OEuvres complètes d'Alexis Piron*, par Rigoley de Juvigny; Paris, Lambert, 1776, 7 forts vol. in-8°, portrait. — Les mêmes, Neufchâtel, 1776, 7 vol. in-8°. — Les mêmes, Paris, 9 vol. in-12.

(2) Cette facétie a été publiée, mais fautive et très incomplète, 1° dans le *Recueil amusant de petits Voyages* (publié par Couret de Villeneuve et Bérenger); Paris, 1783-1787, 9 vol. in-18, tom. III, pag. 24-50. — Autre édition, Paris, 1808, 5 vol. in-18, tom. IV, pag. 147-182.—Dernière édition, Paris, 5 vol. in-18.

2° Dans *Ingénue de Saxancour*, ou *la Femme séparée*, par Rétif de la Bretonne; Liége et Paris, 1789, 3 vol. in-12, 2e partie, pag. 44. Nous tenons ce dernier renseignement de M. Delmasse, amateur aussi modeste que laborieux, et possesseur du manuscrit le plus complet qui existe du *Voyage de Piron à Beaune*. Il nous a communiqué ce manuscrit. Qu'il trouve ici l'expresion de notre reconnaissance.

(3) Courtépée nous apprend, dans sa *Description de Bourgogne*, Dijon, 7 vol. petit in-8°, t. II, p. 167, qu'il existait jadis trois compagnies d'exercices à Dijon, savoir : celle du jeu de *l'Arc*, celle de *l'Arbalète* et celle de *l'Arquebuse*.

« La compagnie du jeu de *l'Arc*, la plus ancienne, fut établie en 1393, par lettres-patentes de Philippe-le-Hardi, approuvée par Philippe-le-Bon en 1427, et confirmée par Henri IV en 1603.

« Celle de *l'Arbalète* était à peu près du même temps. Son emplacement, dans la rue du Prévôt-Guillaume, fut acheté par la ville, de Huguenin Barbiseau, en 1496.

« Celle de *l'Arquebuse* n'a été formée en règle qu'en 1525, et autorisée par les successeurs de François Ier. Son emplacement s'appelait *la Colombière*. (Il a pris depuis le nom d'*Arquebuse*, et il le porte encore, quoiqu'il ne soit plus qu'une simple promenade environnée de murs.) On y fit planter une saussaie en 1558. La ville donna cent livres pour y bâtir un pavillon en 1608. Ce pavillon (qui peu avant la Révolution a été augmenté et embelli par M. de Montigny) fait face à deux allées d'arbres élevés en berceau, et séparés par un canal revêtu (qui ne subsiste plus; il est remplacé par une pelouse environnée de bosquets).

« Cette compagnie donna un grand prix en 1617, un autre en 1658; il s'y trouva deux cents chevaliers. Evrard, boulanger dijonnais, remporta le prix, consistant en vaisselle d'argent de la valeur de 8,300 livres.

« Pendant les états de 1715, au mois de mai, on tira encore le grand prix à l'Arquebuse. Beaune, qui le remporta, le rendit en 1717, et l'on se souvient encore combien Piron s'égaya sur les vainqueurs, en célébrant leurs exploits dans une ode burlesque et satirique qui pensa lui coûter cher.

« C'est un arquebusier de Dijon qui aida à dresser les batteries de Louis XIV contre la citadelle de Besançon, et qui occasionna la prise de cette place en 1674. »

Courtépée aurait pu ajouter que Henri IV se trouvant à Dijon au mois de juin 1595, tira l'oiseau, placé au-dessus d'un peuplier, à l'Arquebuse; et ce peuplier, le doyen sans doute de tous les peupliers en Europe, subsiste encore. On l'admire, on le respecte, et l'on prend le plus grand soin de sa vieillesse; il est creux et a neuf à dix pieds de diamètre.

Il y avait en Bourgogne seize compagnies d'exercices. Leur rang fut réglé en 1715 par le prince de Condé, gouverneur de la province, qui fit l'ouverture du grand prix cette même année. Voici l'ordre des compagnies : Dijon, Autun, Beaune, Châlon-sur-Saône, Nuits, Saint-Jean-de-Lône, Semur-en-Auxois, Avallon, Châtillon, Seurre, Saulieu, Louhans, Nolay, Châgny, Mâcon, Tournus.

(4) *Les ânes de Beaune.* — Quelle est l'origine de ce dicton bien usé aujourd'hui, et qui serait oublié dès long-temps s'il y avait moins de gens qui aiment l'esprit *tout fait?*

A. T. Chevignard (brochure intitulée : *Les frères Lannes, anciens commerçans à Beaune*. Genève, 1807, in-18 de 37 pages) prétend que la réputation de cette maison de commerce a donné lieu au sobriquet qui est resté à leurs compatriotes.

Rigoley de Juvigny attribue au contraire ce sobriquet à la multiplicité des coursiers aux longues oreilles, à Beaune et dans les environs.

Nous croyons que ces animaux ne sont pas plus communs, ni, quoiqu'en dise Rigoley, plus beaux et plus forts à Beaune qu'ailleurs. L'existence des frères Lannes et de leur maison de commerce est d'autre part assez douteuse. Nous aimons mieux à croire que l'injure en question est un de ces quolibets arbitrairement attachés à la plupart des villes de l'ancienne Bourgogne, par la jovialité du vieux temps. C'est ainsi qu'on disait : *Les veaux d'Arnay,* etc., etc. Ces sobriquets ont été recueillis par l'auteur du petit poème macaronique sur la Saint-Ladre d'Autun, pièce de vers latins qui existe dans les cabinets d'un grand nombre de curieux.

(5) Aimé Piron, père d'Alexis, était apothicaire à Dijon, où il occupait la maison qui fait l'angle de la rue du Bourg avec la rue Poulaillerie, qui porte aujourd'hui le nom de Piron. — Voir l'article qui a été consacré à ce précurseur de La Monnoye par un Beaunois, M. Théophile Foisset, dans le tome 34 de la *Biographie universelle*.

(6) M. Jehannin l'aîné est le même qui provoqua, par une débauche d'esprit peu digne d'être connue, la trop fameuse *Priapée* d'Alexis Piron.

(7) Bien que le champ de bataille fût demeuré à Piron, *un ami commun, le vin de Bourgogne, qui avait réconcilié* son père avec le célèbre Santeul, fit aussi la paix du fils avec les Beaunois. M. C.-N. Amanton a publié dans le *Journal de Dijon*, à la fin de 1819, deux lettres d'Alexis Piron à son frère (3 et 14 août 1750), dans lesquelles il se loue fort de la courtoisie du maire de Beaune (Antoine Viard, que Piron a tort d'appeler Guyard), *fort galant homme,* dit-il, *et de plus d'une sorte de mérite.* Le poëte accepta de lui quatre bouteilles de vin du crû, et il ajoute que son aventure de Beaune est *une de ces folies de jeunesse dont il faudrait être bien enfant encore pour rougir à son âge.* Nos lecteurs penseront comme lui *qu'il n'y a là pas plus à rougir qu'à se vanter, et qu'il n'y a qu'à rire.*

FIN DES NOTES.

Table

DES MATIÈRES.

✺

FIN DE LA TABLE.

www.ingramcontent.com/pod-product-compliance
Lightning Source LLC
LaVergne TN
LVHW022200080426

835511LV00008B/1476